Impressum
Verlag: BABADADA GmbH, Nedderfeld 112 , 22529 Hamburg
Geschäftsführer / Verlagsleitung: Harald Hof
Druck: Books on Demand GmbH, In de Tarpen 42, 22848 Norderstedt

Imprint
Publisher: BABADADA GmbH, Nedderfeld 112 , 22529 Hamburg, Germany
Managing Director / Publishing direction: Harald Hof
Print: Books on Demand GmbH, In de Tarpen 42, 22848 Norderstedt, Germany

AF218805

სკოლა

sekolahan

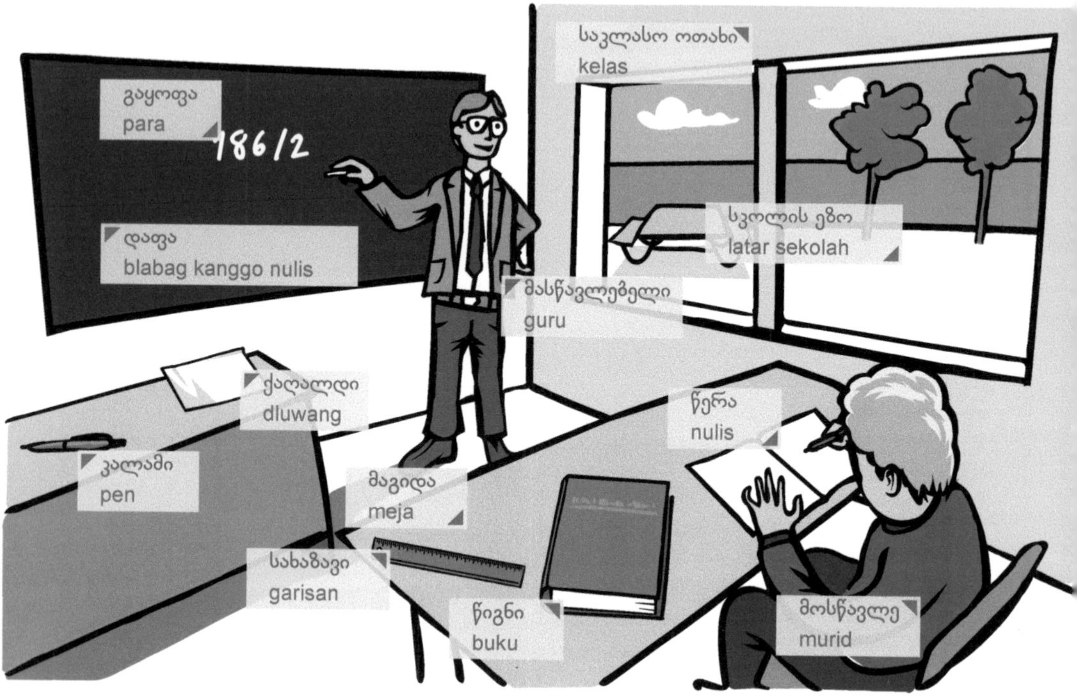

საკლასო ოთახი
kelas
გაყოფა
para
186/2
დაფა
blabag kanggo nulis
სკოლის ეზო
latar sekolah
მასწავლებელი
guru
ქაღალდი
dluwang
წერა
nulis
კალამი
pen
მაგიდა
meja
სახაზავი
garisan
წიგნი
buku
მოსწავლე
murid

ზურგჩანთა

tas sekolah

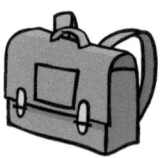

პენალი

tepak potlot

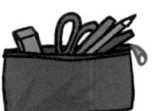

ფანქარი

potlot

ფანქრების სათლელი

orotan potlot

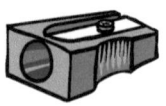

საშლელი

setip

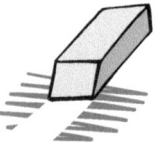

ნახატების ალბომი

lemek nggambar

ნახატი

gambar

ფუნჯი

kuwas

საღებავის ყუთი

tepak cat nggambar

მაკრატელი

gunting

წებო

lem

სავარჯიშო რვეული

buku latihan soal

საშინაო დავალება

pakaryan omah

12

ნომერი

angka

2+2

დამატება

tambah

5-2

გამოკლება

suda

2×2

გამრავლება

ping

გამოთვლა

itung

A

წერილი

aksara

ABCDEFG
HIJKLMN
OPQRSTU
VWXYZ

ანბანი

abjad

hello

სიტყვა

tembung

ტექსტი

teks

წაკითხვა

maca

ცარცი

kapur

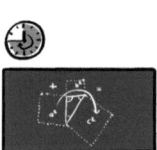

გაკვეთილი

wulangan

რეგისტრაცია

dhaptar

გამოცდა

ujian

სერტიფიკატი

sertipikat

სკოლის ფორმა

sragam sekolah

განათლება

pendhidhikan

ენციკლოპედია

ensiklopedia

უნივერსიტეტი

universitas

მიკროსკოპი

mikroskop

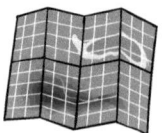

რუქა

peta

კალათა ნარჩენი
ქაღალდებისათვის

kranjang larahan

სასტუმრო
hotel
Grand
ჰოსტელი
hostel
ROOMS
უტის გადაცვლის პუნქტი
tor pertukaran duit mancanegara
ჩემოდანი
koper
მანქანა
mobil

ენა

basa

კი / არა

iya / ora

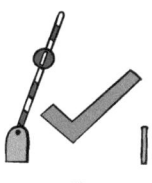

კარგი

oke

გამარჯობა

halo

მთარგმნელი

juru basa

გმადლობთ

matur nuwun

რა ღირს... ?

Piro regane ...?

ვერ გავიგე

aku ora ngerti

პრობლემა

masalah

აღამო მშვიდობისა!

Sugeng dalu!

დილა მშვიდობისა!

Sugeng enjang

ღამე მშვიდობისა!

Sugeng dalu!

ნახვამდის

pareng

მიმართულება

arah

ბარგი

koper

ჩანთა

tas

ზურგჩანთა

ransel

სტუმარი

tamu

ოთახი

kamar

საძილე ტომარა

kantong turu

კარავი

tenda

ტურისტული ინფორმაცია
informasi turis

სანაპირო
pantai

საკრედიტო ბარათი
kertu kredit

საუზმე
sarapan

ლანჩი
mangan awan

ვახშამი
mangan ing wayah bengi

ბილეთი
tiket

ლიფტი
lift

საფოსტო მარკა
perangko

საზღვარი
watesan

საბაჟო
cukai

საელჩო
kedutaan

ვიზა
visa

პასპორტი
paspor

ტრანსპორტი
angkutan

თვითმფრინავი
montor mabur
გემი
kapal
სახანძრო მანქანა
mesin pemadam kobongan
ავტობუსი
bis
სატვირთო მანქანა
truk
მოტორიზებული ნავი
prahu motor
ველოსიპედი
sepeda
მანქანა
mobil

ბორანი

feri

ნავი

perahu

მოტოციკლი

sepeda motor

პოლიციის მანქანა

mobil polisi

სარბოლო მანქანა

mobil balapan

დაქირავებული მანქანა

mobil sewa

მანქანის ერთობლივი მოხმარება
sewa mobil

საბუქსირე მანქანა
truk derek

ნაგვის მანქანა
truk resek

ძრავა
motor

საწვავი
bensin

ბენზინგასამართი სადგური
pom bensin

საგზაო ნიშანი
tanda dalan

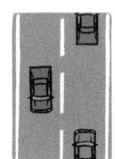

მოძრაობა
lalu lintas

საცობი
macet

მანქანის სადგომი
parkir mobil

მატარებლის სადგური
stasiun sepur

ლიანდაგები
ril sepur

მატარებელი
sepur

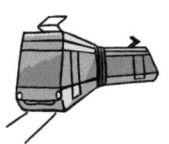

ტრამვაი
tram

ვაგონი
grobak

ვერტმფრენი
helikopter

აეროპორტი
lapangan montor mabur

კოშკი
menara

მგზავრი
penumpang

კონტეინერი
kontener

მუყაოს ყუთი
kerdhus

ურიკა
troli

კალათა
kranjang

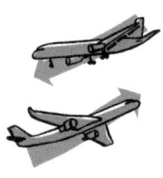

აფრენა / დაშვება
mabur / ndarat

ქალაქი

kutha

სოფელი
desa

ქალაქის ცენტრი
tengah kutha

სახლი
omah

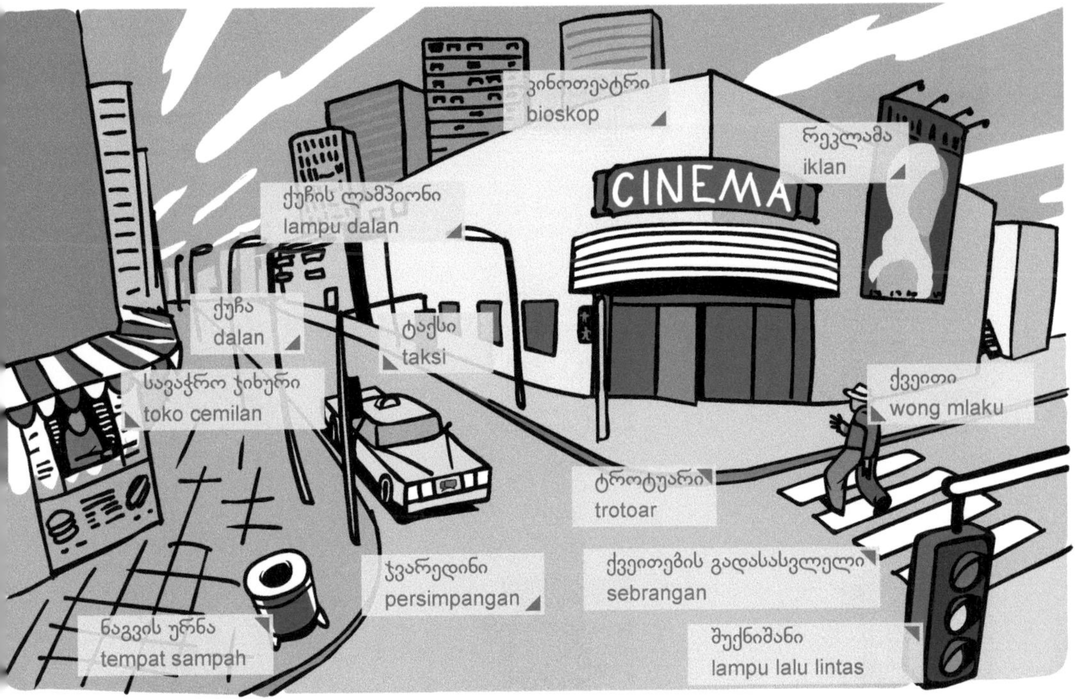

კინოთეატრი
bioskop
CINEMA
რეკლამა
iklan
ქუჩის ლამპიონი
lampu dalan
ქუჩა
dalan
ტაქსი
taksi
სავაჭრო ჯიხური
toko cemilan
ქვეითი
wong mlaku
ტროტუარი
trotoar
ჯვარედინი
persimpangan
ქვეითების გადასასვლელი
sebrangan
ნაგვის ურნა
tempat sampah
შუქნიშანი
lampu lalu lintas

ქოხი

gubuk

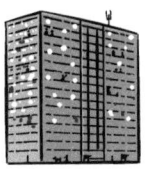

ბინა

apartemen

მატარებლის სადგური

stasiun sepur

მუნიციპალიტეტი

bale kutha

მუზეუმი

museum

სკოლა

sekolahan

უნივერსიტეტი

universitas

ბანკი

bank

საავადმყოფო

griya sakit

სასტუმრო

hotel

აფთიაქი

apotek

ოფისი

kantor

წიგნების მაღაზია

toko buku

მაღაზია

toko

ფლორისტი

toko kembang

სუპერმარკეტი

supermarket

ბაზარი

pasar

მაღაზიის განყოფილება

toko sarwa ana

თევზის გამყიდველი

toko iwak

სავაჭრო ცენტრი

mal

ნავსადგომი

pelabuhan

პარკი

taman

გრძელი სკამი

bangku

ხიდი

tretek

კიბეები

andha

მიწისქვეშა გადასასვლელი

metro

გვირაბი

trowongan

ავტობუსის გაჩერება

halte bis

ბარი

bar

რესტორანი

restoran

საფოსტო ყუთი

kotak surat

ქუჩის ნიშანი

pratandha dalan

პარკინგის საზომი

meteran parkir

ზოოპარკი

kebon kewan

საცურაო აუზი

kolam renang

მეჩეთი

masjid

ფერმა

kebon

გარემოს დაბინძურება

polusi

სასაფლაო

kuburan

ეკლესია

greja

საბავშვო მოედანი

panggon dolanan

ტაძარი

candi

ლანდშაფტი

lanskap

ფოთოლი
godong
გზის მანიშნებელი ნიშანი
plang
გზა
dalan
მდელო
beran
ქვა
watu
მოგზაური
wong munggah
ხე
uwit
მდინარე
kali
ბალახი
suket
ყვავილი
kembang

ხეობა

lembah

გორაკი

bukit

ტბა

tlogo

ტყე

alas

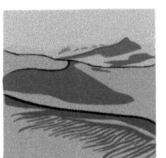

უდაბნო

ara-ara

ვულკანი

gunung geni

ციხე

keraton

ცისარტყელა

kluwung

სოკო

jamur

პალმა

uwit palem

კოღო

lemut

ბუზი

laler

ჭიანჭველა

semut

ფუტკარი

tawon

ობობა

angga-angga

ხოჭო
kumbang

ბაყაყი
kodok

ციყვი
bajing

ზღარბი
landhak

კურდღელი
truwelu

ბუ
manuk dares

ფრინველი
manut

გედი
banyak

ტახი
celeng

ირემი
kidang

ცხენ-ირემი
menjangan

კაშხალი
bendungan

ქარის ტურბინა
turbin angin

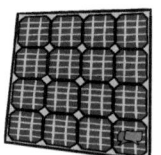

მზის ბატარეა
panel srengenge

კლიმატი
iklim

რესტორანი

restoran

მიმტანი
laden
მენიუ
menu
სკამი
kursi
სუპი
sop
პიცა
pizza
დანა-ჩანგალი
alat mangan
მაგიდაზე გადასაფარებელი
taplak meja

საუზმე

hidangan pambuka

მთავარი კერძი

menu utama

დესერტი

hidangan penutup

დასალევი

ombenan

საჭმელი

panganan

ბოთლი

gendul

სწრაფი კვება

panganan instan

ქუჩის საჭმელი

jajan cemilan

ჩაიდანი

ceret teh

საშაქრე

kaleng gula

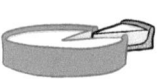

პორცია

porsi

ესპრესოს მანქანა

mesin espresso

მაღალი სკამი

kursi duwur

ანგარიში

tagihan

ლანგარი

baki

დანა

lading

ჩანგალი

sendok garpu

კოვზი

sendok

ჩაის კოვზი

sendok teh

ხელსახოცი

serbet

ჭიქა

gelas

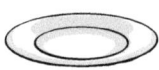

თეფში
piring

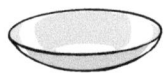

სუპის თეფში
piring sop

ჩაის ლამბაქი
lepek

საწებელი
duduh

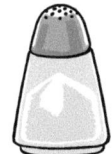

სამარილე
gendul uyah

წიწაკის საფქვავი
bubuk mrico

ძმარი
cuka

ზეთი
lenga

სანელებლები
bumbon

კეტჩუპი
saos tomat

მდოგვი
mustar

მაიონეზი
mayones

სუპერმარკეტი
supermarket

სპეციალური შეთავაზება
tawaran khusus
FOR
მომხმარებელი
langganan
რძის ნაწარმი
produk saka susu
ხილი
woh-wohan
ურიკა
troli

საყასბო

toko daging

საცხობი

toko roti

აწონვა

nimbang

ბოსტნეული

janganan

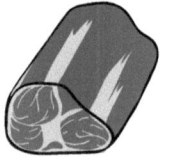

ხორცი

daging panggang

გაყინული საკვები

panganan beku

გრილი ხორცი

irisan daging

კონსერვები

panganan kaleng

სარეცხი ფხვნილი

deterjen

ტკბილეული

permen

საყოფაცხოვრებო
პროდუქტები
produk reresik omah

სარეცხი საშუალებები

produk reresik

გამყიდველი

bakul

სალარო

mesin kasir

მოლარე

kasir

საყიდლების სია

daftar blanja

მუშაობის საათები

jam buka

პორტმანი

dompet

საკრედიტო ბარათი

kertu kredit

ჩანთა

tas

პლასტიკური პარკი

tas kresek

დასალევი
ombenan

წყალი

banyu

წვენი

jus

რძე

susu

კოკა-კოლა

ombenan kanthi karbon

ღვინო

anggur

ლუდი

bir

ალკოჰოლი

alkohol

კაკაო

coklat

ჩაი

teh

ყავა

kopi

ესპრესო

espresso

კაპუჩინო

cappuccino

საჭმელი

panganan

ბანანი

gedhang

ვაშლი

apel

ფორთოხალი

jeruk

საზამთრო

semangka

ლიმონი

jeruk lemon

სტაფილო

wortel

ნიორი

bawang

ბამბუკი

pring

ხახვი

bawang

სოკო

jamur

კაკალი

kacang

ატრია

bakmi

სპაგეტი

....

spageti

ბრინჯი

....

sego

სალათი

....

salad

ჩიპსები

....

kentang goreng

შემწვარი კარტოფილი

....

kentang goreng

პიცა

....

pizza

ჰამბურგერი

....

hamburger

სენდვიჩი

....

roti isi

კოტლეტი

....

daging irisan

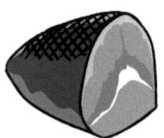

ლორი

....

daging ham

სალიამი

....

salami

ძეხვი

....

sosis

წიწილა

....

pitik

შემწვარი ხორცი

....

daging panggang

თევზი

....

iwak

შვრიის ფაფა
bubur gandum

მუსლი
muesli

სიმინდის ფანტელები
sereal jagung

ფქვილი
glepung

კრუასანი
croissant

ბულკი
roti

პური
roti

ტოსტი
roti panggang

ნამცხვრები
biskuit

კარაქი
mertega

ხაჭო
dadih

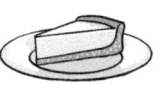

ტორტი
kue

კვერცხი
endog

ერბო-კვერცხი
endog goreng

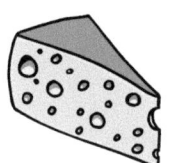

ყველი
keju

ნაყინი

es krim

შაქარი

gula

თაფლი

madu

ჯემი

sele

შოკოლადის კრემი

krim nugat

კარი

kare

ფერმა
kebon

სოფლის სახლი
omah tani
ჩალის შეკვრა
bal kawul
თავლა
lumbung
ყანა
sawah
ცხენი
jaran
მისაბმელი
karavan
ტრაქტორი
traktor
კვიცი
belo
ვირი
keledai
ცხვარი
wedhus
ცხვარი
domba

თხა

wedhus

ძროხა

sapi

ხბო

pedhet

ღორი

babi

გოჭი

gambluk

ხარი

kebo

ბატი

banyak

იხვი

bebek

წიწილა

kuthuk

ქათამი

babon

მამალი

jago

ვირთხა

tikus

კატა

kucing

თაგვი

tikus

ხარი

sapi

ძაღლი

asu

საძაღლე

kandang asu

ბაღის შლანგი

selang

საბაღე წურწურა

gembor

ცელი

arit gede

გუთანი

waluku

ნამგალი

arit gede

თოხი

pacul

პატივის სახვეტი ჩანგალი

garu

ცული

kapak

მაზიდი

grobak surung

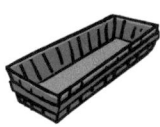

გობი

wadah pakan

რძის ბიდონი

kaleng susu

ტომარა

karung

ღობე

pager

ბოსელი

kandang

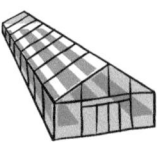

სათბური

omah kaca

ნიადაგი

lemah

თესლი

wiji

სასუქი

rabuk

მოსავლის ამღები კომბაინი

traktor panen

მოსავლის აღება

manen

მოსავალი

panen

იამი

ubi

ხორბალი

gandum

სოიო

kedelai

კარტოფილი

kentang

სიმინდი

jagung

სარეველას თესლი

lobak

ხეხილი

wit woh-wohan

მანიოკი

telo

მარცვლეული

sereal

სახლი

omah

ბუხარი
crobong asep
სახურავი
atap
წყალსადინარი მილი
talang banyu
ფანჯარა
jendhela
ავტოფარეხი
garasi
კარის ზარი
bel lawang
კარი
lawang
ნაგვის ყუთი
kranjang larahan
საფოსტო ყუთი
kotak surat
ბაღი
kebon

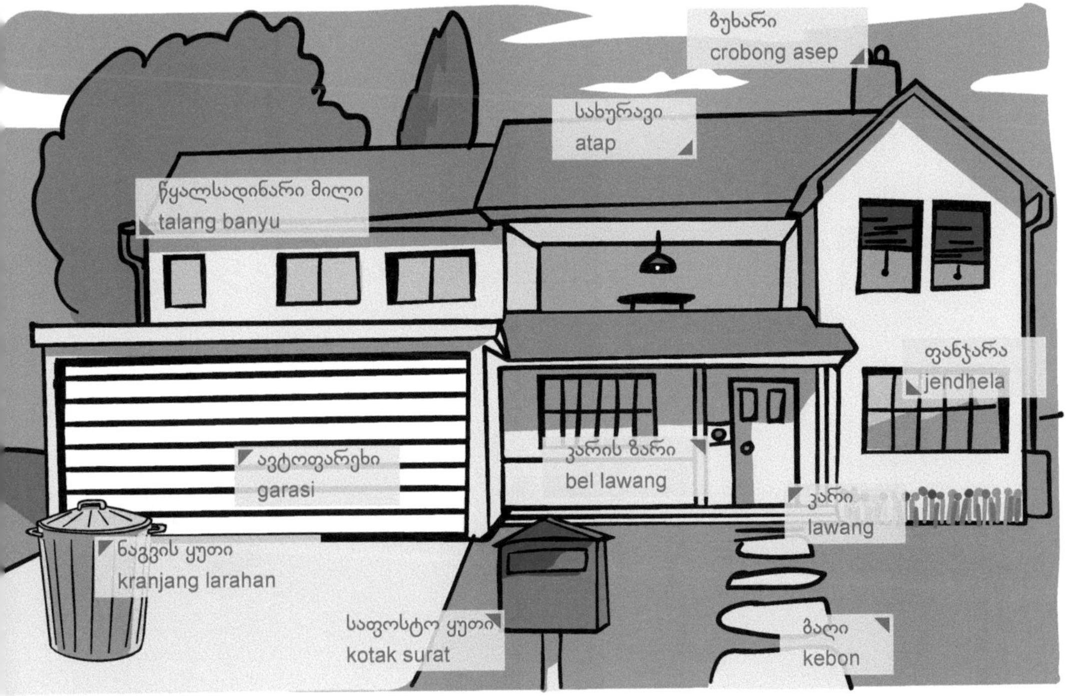

მისაღები ოთახი

ruang tamu

აბაზანა

jedhing

სამზარეულო

pawon

საძინებელი

kamar turu

საბავშვო ოთახი

kamar anak

სასადილო ოთახი

kamar panedhaan

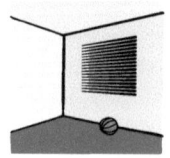

სართული

jobin

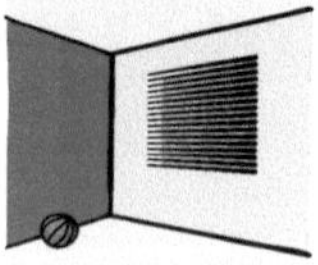

კედელი

tembok

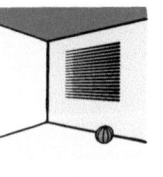

ჭერი

pyan

სარდაფი

gudhang ing njero lemah

საუნა

sauna

აივანი

balkon

ტერასა

teras

აუზი

blumbang kanggo nglangi

გაზონის საკრეჭი

mesin kanggo motong suket

საბნის კონვერტი

lembaran

საწოლი

sprei

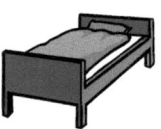

ლოგინი

dipan

ცოცხი

sapu

სათლი

ember

გადამრთველი

tombol

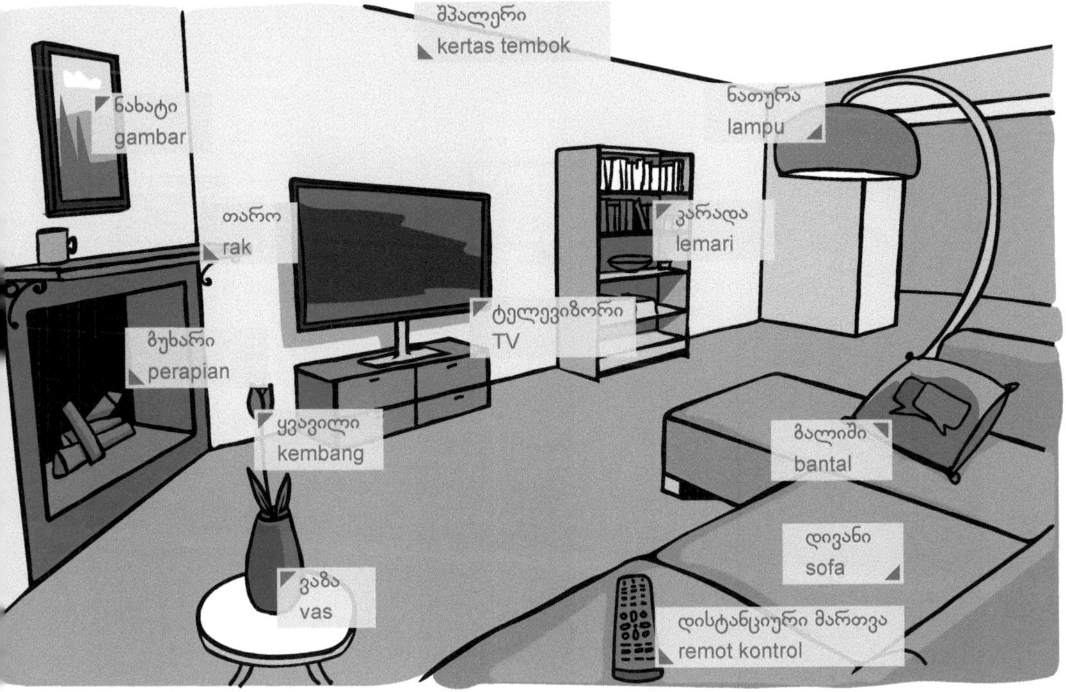

შპალერი
kertas tembok
ნახატი
gambar
ნათურა
lampu
თარო
rak
კარადა
lemari
ტელევიზორი
TV
ბუხარი
perapian
ყვავილი
kembang
ბალიში
bantal
დივანი
sofa
ვაზა
vas
დისტანციური მართვა
remot kontrol

ხალიჩა
karpet

ფარდა
korden

მაგიდა
meja

სკამი
kursi

სარწეველა სკამი
kursi goyang

სავარძელი
kursi tangan

წიგნი
buku

საბანი
selimut

დეკორაცია
dekorasi

შეშა
kayu bakar

ფილმი
film

hi-fi მოწყობილობები
hi-fi

გასაღები
kunci

გაზეთი
koran

ფერწერა
lukisan

პლაკატი
poster

რადიო
radio

ბლოკნოტი
buku catetan

მტვერსასრუტი
penyedot lebut

კაქტუსი
kaktus

სანთელი
lilin

სამზარეულო
pawon

მაცივარი
kulkas
მიკრო-ტალღური ღუმელი
kompor microwave
სამზარეულოს სასწორი
timbangan pawon
ტოსტერი
panggangan
სარეცხი საშუალება
deterjen
ღუმელი
kompor
lemari es
ნაგვის ყუთი
kranjang larahan
ჭურჭლის სარეცხი მანქანა
mesin pangumbah piring

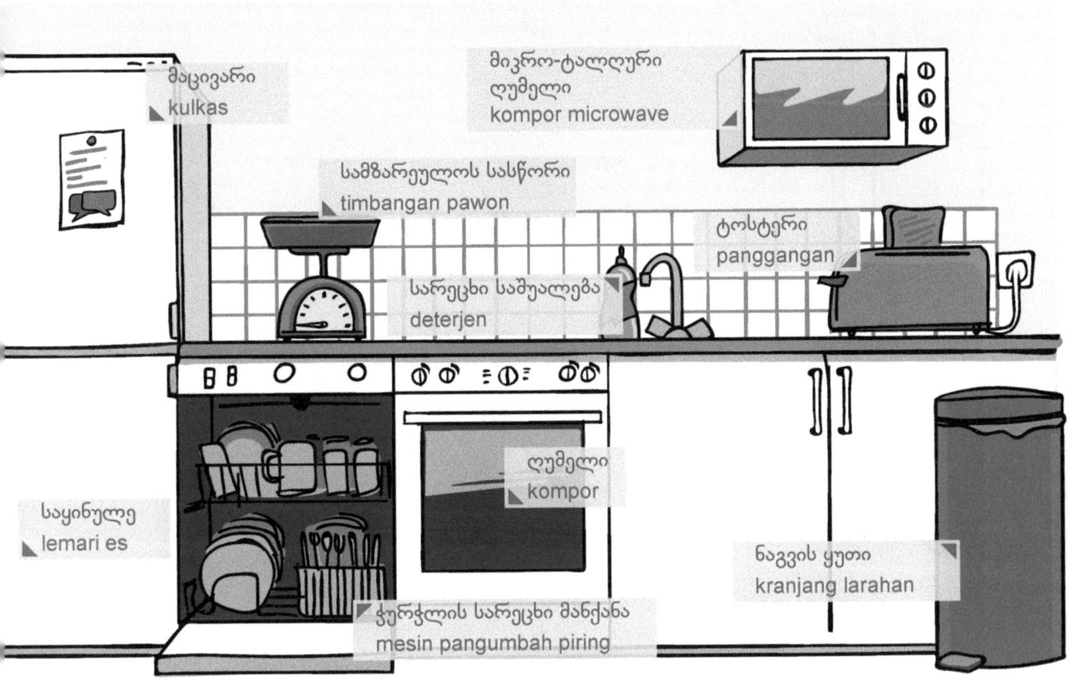

გაზქურა

kompor

ქოთანი

panci

თუჯის ქვაბი

panci wesi

ტაფა ამოზერილი ფსკერით

wajan

ტაფა

wajan

ჩაიდანი

ceret

სამზარეულო - pawon 35

ორთქლსახარში

kukusan

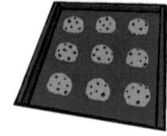

საცხობი ლანგარი

loyang

ჭურჭელი

pecah belah

კათხა

mug

თასი

mangkok

ჩინური ჩხირები

sumpit

ჩამჩა

irus

ფითხი

solet

სათქვეფელა

udeg

საწური

ayakan

საცერი

saringan

სახეხი

parutan

სანაყი

lumpang

გრილი

panggangan

კოცონი

geni

დაფა

telenan

საგორავი

gilingan adonan

ბურღი

kotrek

ქილა

kaleng

ქილის გასახსნელი

bukaan kaleng

ქოთნის დამჭერი

cempal

ნიჟარა

wastafel

ფუნჯი

sikat

ღრუბელი

sepon

ბლენდერი

blender

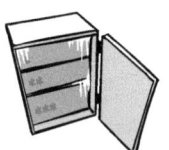

საყინულე კამერა

kulkas

საბავშვო ბოთლი

gendul bayi

ონკანი

kran

აბაზანა

jedhing

შხაპი
pancuran
alat manasi
პირსახოცი
andhuk
საშხაპე ფარდა
ღრუბლიანი აბანო
adhus unthuk
ვანა
bak adhus
ჭიქა
gelas
სარეცხი მანქანა
mesin ngumbah
ონკანი
kran
ფილები
tekel
ღამის ქოთანი
pispot
ნიჟარა
wastafel

ტუალეტი

jamban

იატაკის ტუალეტი

jamban dhodhok

ბიდე

bidet

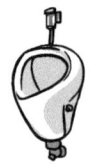

კედლის პისუარი

pissoir

ტუალეტის ქაღალდი

tisu jamban

ტუალეტის ჯაგრისი

sikat jamban

კბილის ჯაგრისი

sikat untu

კბილის პასტა

odol

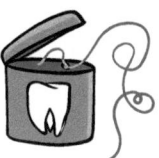

კბილის ძაფი

bolah untu

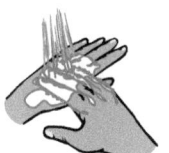

რეცხვა

ngumbahi

ხელის შხაპი

gagang shower

ინტიმური შხაპი

pancuran

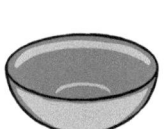

ტაშტი

baskom

ზურგის სახეხი ფუნჯი

sikat geger

საპონი

sabun

შხაპის გელი

gel pancuran

შამპუნი

sampo

ნეჭა

hem

სანიაღვრე

nguras

კრემი

krim

დეოდორანტი

deodoran

სარკე
pangilon

ხელის სარკე
koco tangan

გრიტვა
silet

საპარსი ქაფი
umpluk cukur

საშუალება გაპარსვის შემდეგ
aftershave

სავარცხელი
jungkat

ჯაგრისი
sikat untu

თმის საშრობი
hairdryer

თმის ლაქი
hairspray

კოსმეტიკა
dandanan

ტუჩების პომადა
gincu

ფრჩხილის ლაქი
kuteks

ბამბა
kapas

ფრჩხილის მაკრატელი
gunting kuku

სუნამო
parfum

კოსმეტიკის ჩანთა

kantong adhus

ტაბურეტი

dingklik

სასწორი

timbangan

სააბაზანო ხალათი

jubah kanggo sawise adhus

რეზინის ხელთათმანები

sarung karet

ტამპონი

tampon

სანიტარული პირსახოცი

pembalut

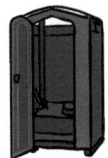

ბიო-ტუალეტი

jamban nganggo bahan kimia

საბავშვო ოთახი

kamar anak

მაღვიძარა
alarm jam
რბილი სათამაშო
dolanan empuk
სათამაშო მანქანა
mobil-mobilan
ჩხარუნა სათამაშო
kumretek
თოჯინების სახლი
omah boneka
საჩუქარი
hadiah

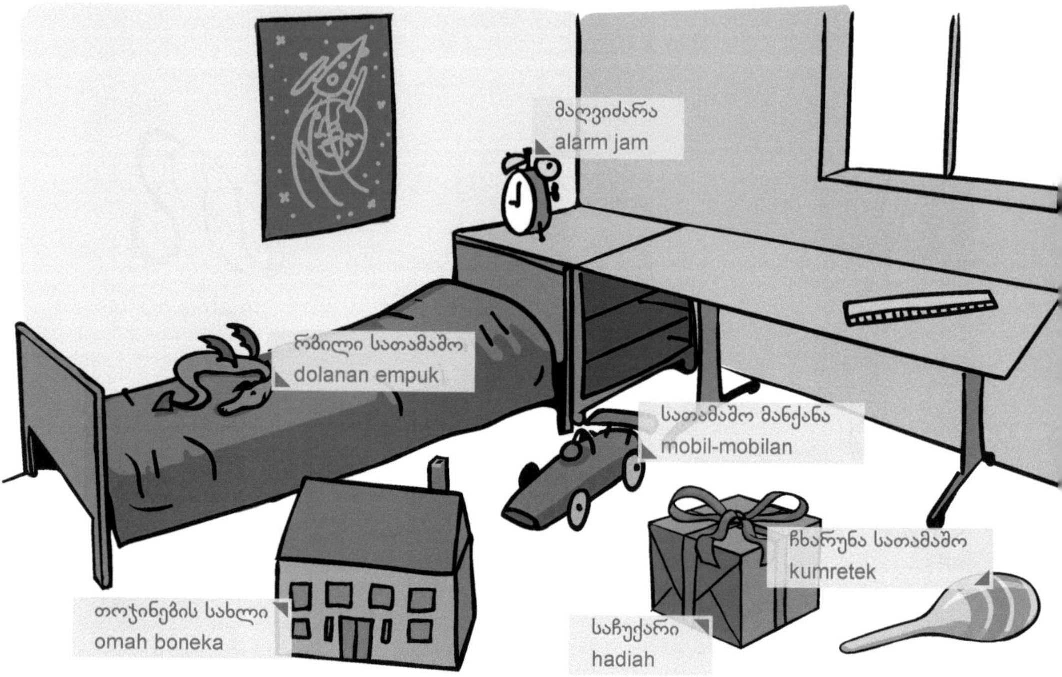

ბუშტი

balon

ლოგინი

dipan

საბავშვო ეტლი

kreto bayi

კარტის თამაში

meja kertu

პაზლი

teka-teki

კომიკსი

komik

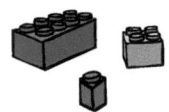

ლეგოს აგურები

bata lego

ასაშენებელი კუბიკები

balok dolanan

სათამაშო ფიგურა

boneka aksi

საცოცავი

klambi bayi

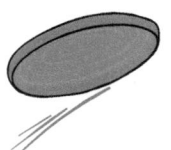

ფრისბი

frisbee

მობილე

dolanan gantungan

სამაგიდო თამაში

dolanan meja

კამათელი

dadu

რკინიგზის მოდელი

sepur dolanan

საწოვარა

dot

წვეულება

pesta

წიგნი ნახატებით

buku gambar

ბურთი

bal

თოჯინა

boneka

თამაში

dolanan

საქვიშარი
panggon dolanan pasir

საქანელა
ayunan

სათამაშოები
dolanan

ვიდეო თამაშის კონსოლი
konsol video game

სამთვლიანი ველოსიპედი
sepeda roda telu

დათუნია
beruang teddy

გარდერობი
lemari sandhangan

ტანსაცმელი
klambi

წინდები
kaos kaki

ჩულქები
stoking

კოლგოტები
kathok singset

შარფი
slendang

ქოლგა
payung

მკლავებიანი მაისური
kaos oblong

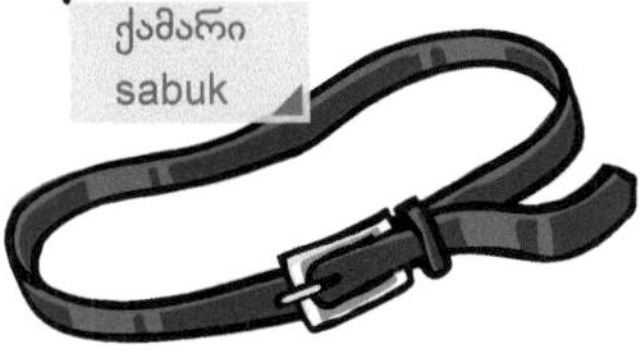

ქამარი
sabuk

ბოტასები
sepatu kets

ფეხსაცმელი
sepatu bot

ჩუსტები
slop

სანდლები

sandal

ფეხსაცმელი

sepatu

რეზინის ჩექმები

sepatu bot karet

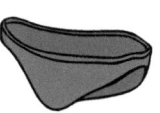

ტრუსები

sempak

ბიუსჰალტერი

kutang

მაისური

rompi

სხეული

awak

შარვალი

kathok

ჯინსი

kathok jins

ქვედაკაბა

rok

ბლუზი

blus

პერანგი

klambi

სვიტრი

jaket nganggo kudung

კაპიუშონიანი ჟაკეტი

sweter

სპორტული ქურთუკი

blezer

ჟაკეტი

jaket

პალტო

mantel

საწვიმარი

jas udan

კოსტუმი

kostum

კაბა

gaun

საქორწილო კაბა

gaun manten

კაცის კოსტიუმი

setelan

ღამის პერანგი

klambi kanggo turu

პიჟამოები

piyama

სარი

kain sari

თავშალი

kudung

ტურბანი

serban

ჩადრი

cadar

ხიფთანი

kaftan

აბაია

abaya

საცურაო კოსტუმი

klambi kanggo nglangi

ჩემოდნები

kathok renang

შორტები

kathok cekak

სპორტული კოსტიუმი

klambi trening

წინსაფარი

celemek

ხელთათმანები

sarung tangan

ღილი
benik

სათვალეები
kacamata

სამაჯური
gelang

ყელსაბამი
kalung

ბეჭედი
ali-ali

საყურე
anting-anting

კეპი
peci

საკიდი
gantungan mantel

ქუდი
topi

ჰალსტუხი
dasi

ელვა-შესაკრავის შეკვრა
slerekan

ჩაფხუტი
helem

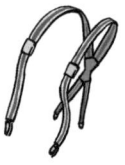

აჭიმი
bretel

სკოლის ფორმა
sragam sekolah

ფორმა
sragam

ბავშვის წინსაფარი

oto

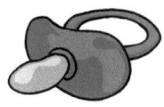

საწოვარა

dot

პამპერსი

popok

ოფისი
kantor

სერვერი
server
საკანცელარიო კარადა
lemari arsip
პრინტერი
printer
ქაღალდი
dluwang
მონიტორი
monitor
თაგვი
mouse
მაგიდა
meja
საქაღალდე
folder
კლავიატურა
papan tombol
ლათა ნარჩენი ქაღალდებისათვის
anjang larahan
კომპიუტერი
komputer
სკამი
kursi

ყავის ფინჯანი

cangkir kopi

კალკულატორი

kalkulator

ინტერნეტი

internet

ლეპტოპი

laptop

წერილი

surat

მესიჯი

pesen

მობილური ტელეფონი

HP

ქსელი

jaringan

სკანერი

mesin fotokopi

პროგრამული უზრუნველყოფა

software

ტელეფონი

telpon

როზეტი

colokan

ფაქსის მანქანა

mesin faksimili

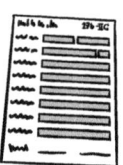

ფორმულარი

blangko

დოკუმენტი

dokumen

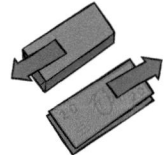

ყიდვა

tuku

გადახდა

mbayar

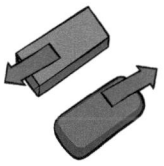

ვაჭრობა

bebakulan

ფული

duit

დოლარი

dolar

ევრო

euro

იენი

yen

რუბლი

rubel

შვეიცარული ფრანკი

franc Swiss

ჟენმინბი იუანი

yuan renminbi

რუპი

rupe

ბანკომატი

cash point

ვალუტის გადაცვლის პუნქტი
kantor pertukaran duit
mancanegara

ოქრო
emas

ვერცხლი
perak

ნავთობი
minyak

ენერგია
energi

ფასი
rego

ხელშეკრულება
kontrak

გადასახადი
pajek

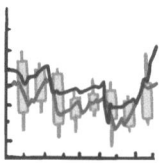

აქცია
saham

მუშაობა
kerjo

თანამშრომელი
pegawe

დამსაქმებელი
juragan

ქარხანა
pabrik

მაღაზია
toko

პოლიციის ოფიცერი
perwira polisi
მეხანძრე
petugas kobongan
მზარეული
tukang masak
ექიმი
dokter
მფრინავი
pilot

მებაღე

tukang kebon

დურგალი

tukang kayu

თეთრეულის მკერავი ქალბატონი

tukang jahit

მოსამართლე

hakim

ქიმიკოსი

ahli kimia

მსახიობი

aktor

ავტობუსის მძღოლი

sopir bis

ტაქსის მძღოლი

sopir taksi

მეთევზე

nelayan

დამლაგებელი ქალბატონი

tukang reresik

სახურავის ოსტატი

tukang pasang gendheng

მიმტანი

laden

მონადირე

pamburu

ფერმწერი

pelukis

მცხობელი

tukang roti

ელექტრიკოსი

tukang listrik

მშენებელი

tukang mbangun

ინჟინერი

insinyur

ყასაბი

jagal

სანტექნიკოსი

tukang ledeng

ფოსტალიონი

tukang pos

ჯარისკაცი

tentara

არქიტექტორი

arsitek

მოლარე

kasir

ფლორისტი

bakul kembang

პარიკმახერი

juru rambut

კონდუქტორი

kondektur

მექანიკოსი

mekanik

კაპიტანი

kapten

სტომატოლოგი

dokter untu

მეცნიერი

ilmuwan

რაბინი

rabbi

იმამი

imam

ბერი

biksu

სასულიერო პირი

pandhita

იარაღები

alat

ჩაქუჩი
palu
ბრტყელტუჩა
tang
სახრახნისი
obeng
ქანჩის გასაღები
kunci Inggris
ჯიბის სანათი
senter

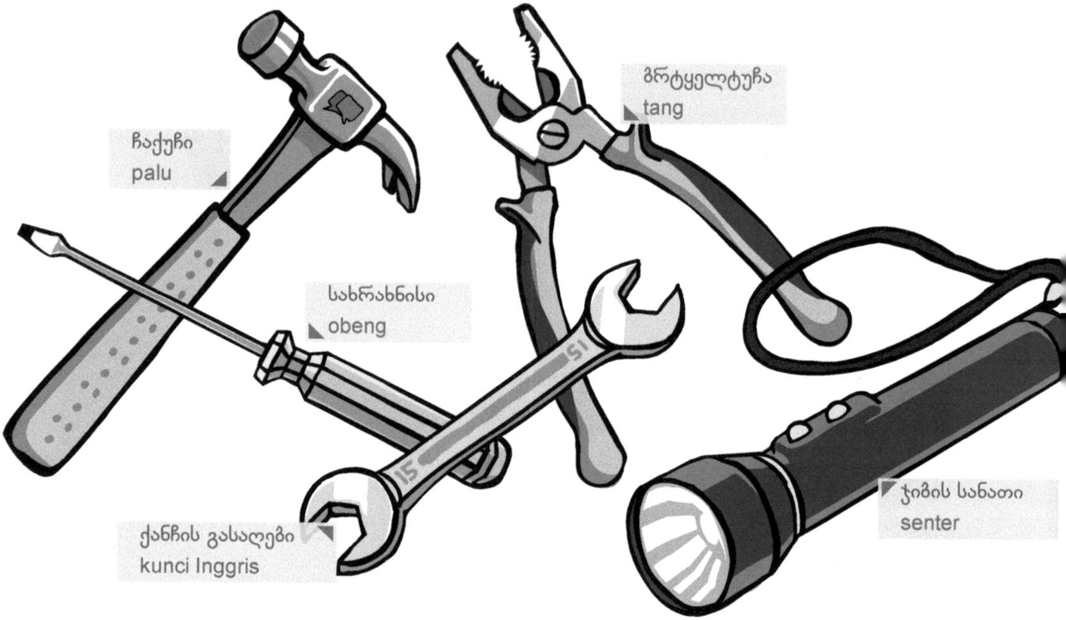

ექსკავატორი

mesin kerukan

იარაღების ყუთი

wadah perkakas

კიბე

andha

ხერხი

graji

ლურსმები

paku

საბურღი

bur

შეკეთება
ndandani

ნიჩაბი
sekop

ანდაბა!
Bajigur!

აქანდაზი
serok

საღებავის ქოთანი
kaleng cat

ხრახნები
sekrup

მუსიკალური ინსტრუმენტები
alat musik

დასარტყამი ინსტრუმენტების კრებული
sak set tambur

რეპროდუქტორი
speker

კონტრაბასი
bass dobel

საყვირი
trompet

გიტარა
gitar

ფორტეპიანო

piano

ვიოლინო

biola

ბასი

bass

ტიმპანონი

timpani

დასარტყამები

tambur

კლავიშები

keyboard

საქსოფონი

saksofon

ფლეიტა

suling

მიკროფონი

mikropon

ზოოპარკი

kebon kewan

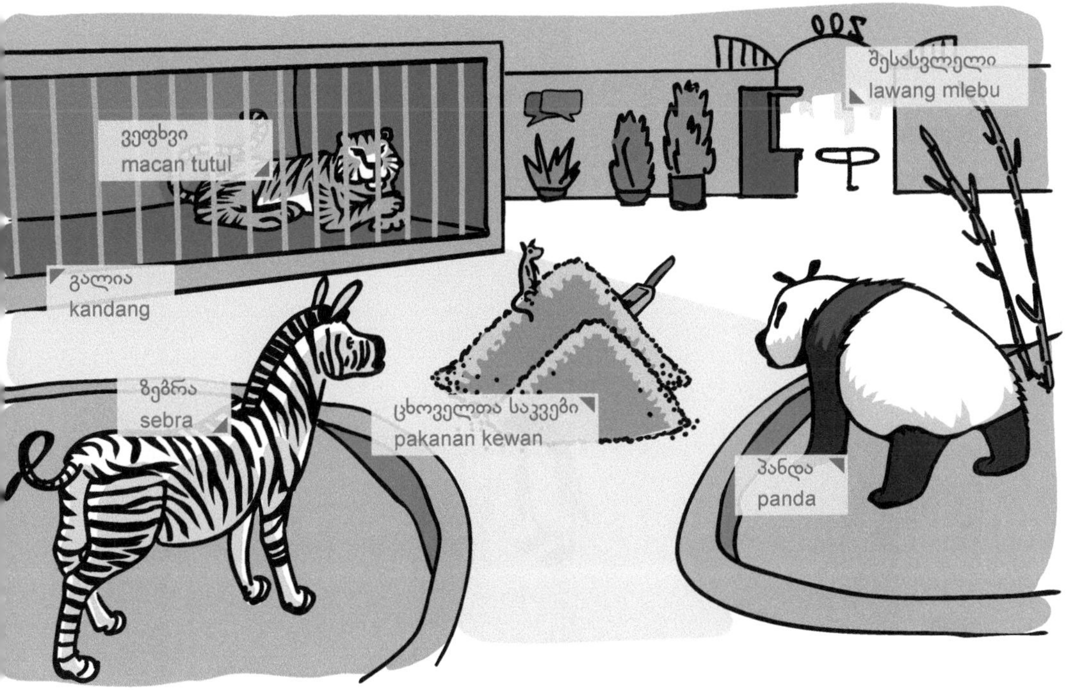

zoo
შესასვლელი
lawang mlebu
ვეფხვი
macan tutul
გალია
kandang
ზებრა
sebra
ცხოველთა საკვები
pakanan kewan
პანდა
panda

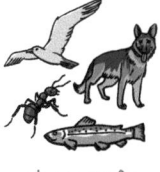

ცხოველები

kewan

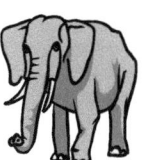

სპილო

gajah

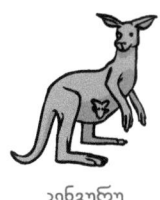

კენგურუ

kanguru

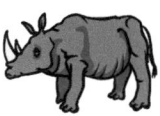

მარტორქა

badak

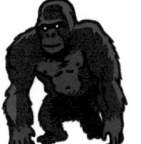

გორილა

gorila

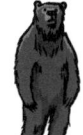

დათვი

beruang

აქლემი
unta

სირაქლემა
manuk unta

ლომი
singa

მაიმუნი
kethek

ფლამინგო
flamingo

თუთიყუში
bethet

პოლარული დათვი
beruang kutub

პინგვინი
pinguin

ზვიგენი
hiu

ფარშევანგი
merak

გველი
ula

ნიანგი
baya

ზოოპარკის მფლობელი
juru kunci kebon kewan

სელაპი
singa segara

იაგუარი
jaguar

პონი
jaran poni

ლეოპარდი
macan tutul

ბეჰემოტი
kuda nil

ჟირაფი
jrapah

არწივი
garudha

ტახი
celeng

თევზი
iwak

კუ
bulus

მორჟი
walrus

მელა
rubah

გაზელი
kidang

ამერიკული ფეხბურთი
bal-balan Amerika

ველოსპორტი
sepedahan

ჩოგბურთი
tenis

კალათბურთი
basket

ცურვა
nglangi

კრივი
tinju

ყინულის ჰოკეი
hoki es

ფეხბურთი

bal-balan

ბადმინტონი

badminton

მძლეოსნობა

atletik

ხელბურთი

bal tangan

სათხილამურო სპორტი

ski

წყლის პოლო

polo

დაცინვა
ngguyu

გადახტომა
mencolot

ჩახუტება
ngrangkul

სეირნობა
mlaku

სიმღერა
nembang

ოცნებობა
ngimpi

ლოცვა
ndonga

კოცნა
ngambung

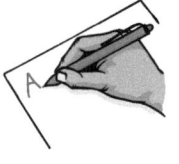

წერა
nulis

დახატვა
nggambar

ჩვენება
nuduhake

დაჭერა
mencet

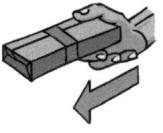

მიცემა
menehi

აღება
njupuk

ქონა

duweni

კეთება

nindakake

ყოფნა

yaiku

დგომა

ngadek

გარბენა

mlayu

მოქაჩვა

narik

გადაყრა

nguncalake

დაცემა

tiba

ტყუილის თქმა

ngapusi

მოცდენა

ngenteni

ტარება

nggawa

ჯდომა

lungguh

ჩაცმა

klamben

ძილი

turu

გაღვიძება

tangi

დათვალიერება

ndheleng

ტირილი

nangis

გაუთოება

ngelus

დავარცხნა

njungkati

ლაპარაკი

ngomong

გაგება

mangerteni

შეკითხვა

takon

მოსმენა

ngrungoake

დალევა

ngombe

ჭამა

mangan

დალაგება

ngrapiake

ყვარება

nrisnani

კერძების მზადება

masak

სვლა

nyopir

ფრენა

mabur

აფრის ქვეშ სიარული

nglayar

გამოთვლა

itung

წაკითხვა

maca

შესწავლა

sinau

მუშაობა

kerjo

ქორწინება

ngrabi

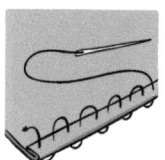

კერვა

njahit

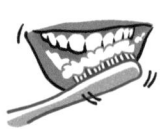

კბილების ხეხვა

nyikat untu

მოკვლა

mateni

მოწევა

ngrokok

გაგზავნა

ngirim

ოჯახი
keluarga

ბებია
mbah putri
ბაბუა
mbah kakung
მამა
bapak
დედა
ibu
bayi
ქალიშვილი
anak wedok
ვაჟიშვილი
anak lanang

სტუმარი

tamu

დეიდა

bu lik

ბიძა

pak lik

ძმა

dulur lanang

და

dulur wadon

სხეული

awak

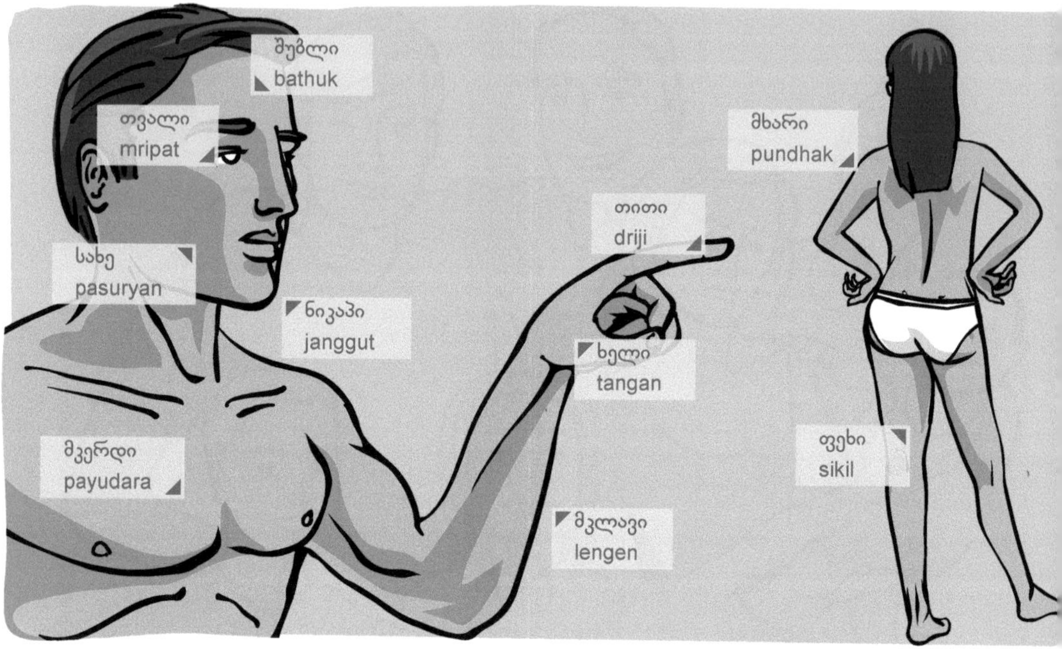

შუბლი
bathuk
თვალი
mripat
სახე
pasuryan
ნიკაპი
janggut
თითი
driji
ხელი
tangan
მხარი
pundhak
მკერდი
payudara
მკლავი
lengen
ფეხი
sikil

გავშვი

bayi

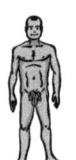

კაცი

lanang

ქალი

wadon

გოგო

bocah wadon

ბიჭი

bocah lanang

თავი

sirah

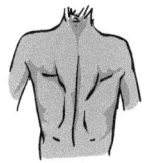

ზურგი

geger

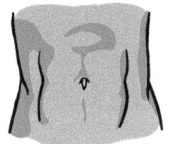

მუცელი

weteng

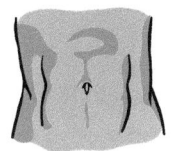

ჭიპი

puser

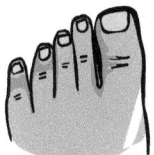

ფეხის თითი

driji sikil

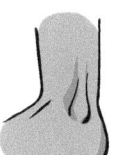

ქუსლი

tungkak

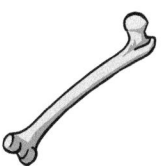

ძვალი

balung

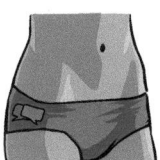

გარძაყი

panggul

მუხლი

dengkul

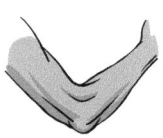

იდაყვი

sikut

ცხვირი

irung

დუნდულა

bokong

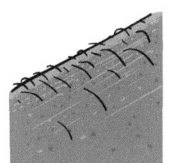

კანი

kulit

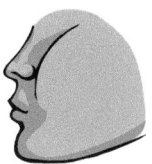

ლოყა

pipi

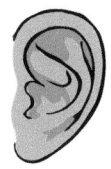

ყური

kuping

ტუჩი

lambe

პირი

lisan

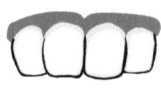

კბილი

untu

ენა

ilat

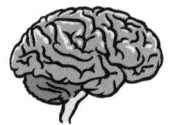

ტვინი

uteg

გული

jantung

კუნთი

otot

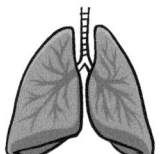

ფილტვი

paru

ღვიძლი

ati

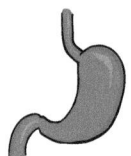

კუჭი

garba

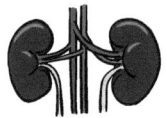

თირკმელები

ginjel

სექსი

sanggama

პრეზერვატივი

kondom

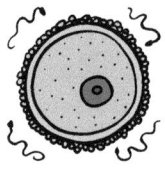

კვერცხუჯრედი

ovum

სპერმა

mani

ორსულობა

mbobot

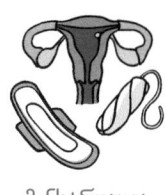

მენსტრუაცია

haid

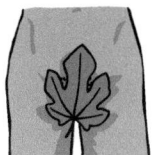

საშო

vagina

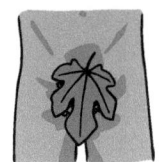

პენისი

zakar

წარბი

alis

თმა

rambut

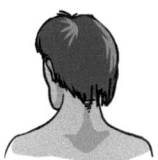

კისერი

gulu

საავადმყოფო

griya sakit

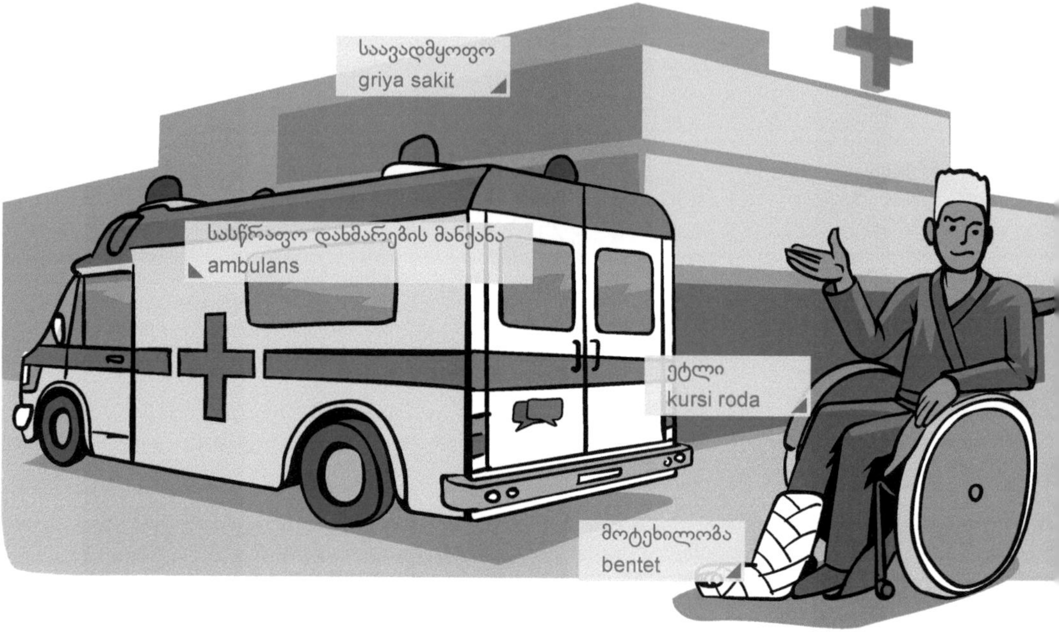
საავადმყოფო
griya sakit
სასწრაფო დახმარების მანქანა
ambulans
ეტლი
kursi roda
მოტეხილობა
bentet

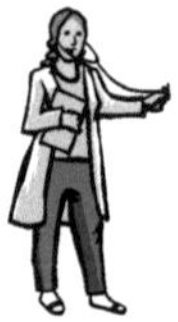

ექიმი

dokter

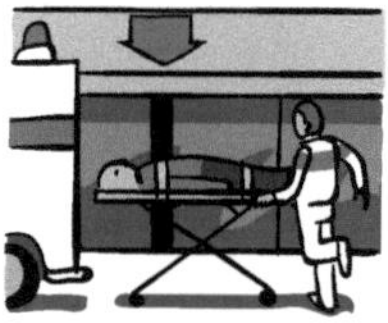

პირველი დახმარების ოთახი

kamar gawat darurat

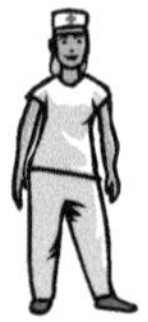

მედდა

perawat

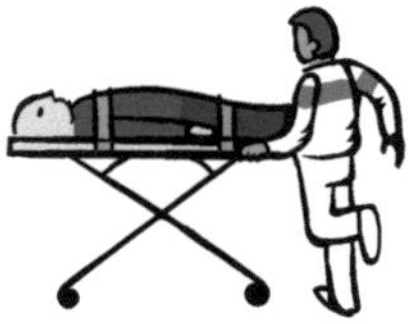

გადაუდებელი შემთხვევა

dharurat

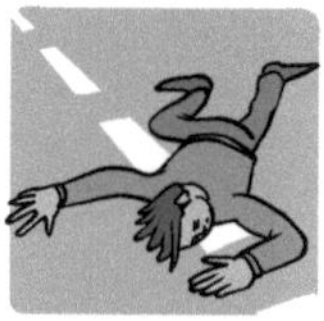

უგონოდ მყოფი

ora sadar

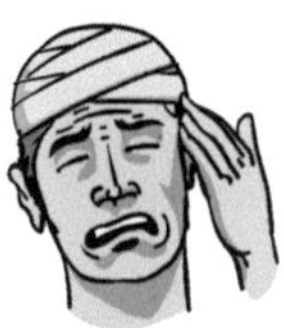

ტკივილი

linu

დაზიანება
tatu

სისხლდენა
getihen

გულის შეტევა
serangan jantung

ინსულტი
setruk

ალერგია
alergi

ხველა
watuk

ცხელება
ngelu

გრიპი
pilek

დიარეა
diare

თავის ტკივილი
mumet

კიბო
kanker

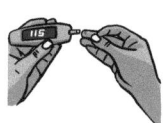

დიაბეტი
diabetes

ქირურგი
ahli bedah

სკალპელი
lading bedah

ოპერაცია
operasi

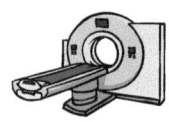

კტ

CT

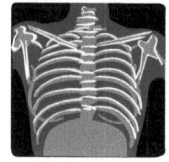

რენტგენი

sinar x

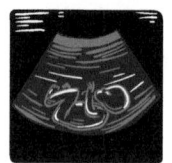

ულტრაბგერა

USG

ნიღაბი

masker

დაავადება

penyakit

მოსაცდელი ოთახი

kamar nunggu

ყავარჯენი

pitulung

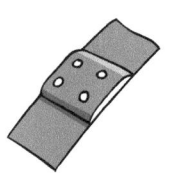

თაბაშირი

perban

ბინტი

perban

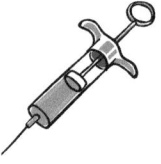

ინექცია

suntik

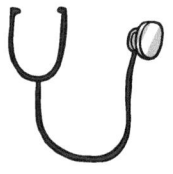

სტეტოსკოპი

stetoskop

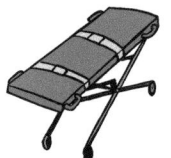

საკაცე

tandu

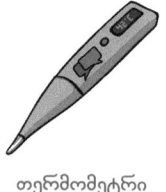

თერმომეტრი

termometer klinik

დაბადება

lair

ჭარბი წონა

kalemon

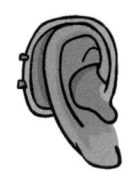

სმენის აპარატი

alat bantu dengar

სადეზინფექციო საშუალება

disinfektan

ინფექცია

infeksi

ვირუსი

virus

აივ / შიდსი

HIV/AIDS

წამალი

obat

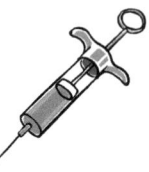

ვაქცინაცია

vaksinasi

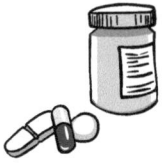

ტაბლეტები

tablet

აბი

pil

გადაუდებელი გამოძახება

nomer telpon darurat

წნევის საზომი აპარატი

ngukur tensi getih

ავადმყოფი / ჯანმრთელი

lara / waras

გადაუდებელი შემთხვევა
dharurat

დამეხმარეთ!

Tulung!

განგაში

alarem

თავდასხმა

sergap

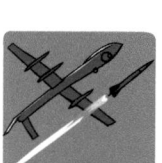

შეტევა

serangan

საფრთხე

bebaya

სათადარიგო გასასვლელი

lawang metu dharurat

ხანძარი!

Kobongan!

ცეცხლსაქრობი

alat mateni geni

უბედური შემთხვევა

kacilakan

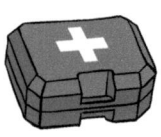

პირველადი დახმარების აფთიაქი

pitulungan wiwitan

SOS

SOS

პოლიცია

polisi

ევროპა

Eropa

ჩრდილოეთ ამერიკა

Amerika Lor

სამხრეთ ამერიკა

Amerika Kidul

აფრიკა

Afrika

აზია

Asia

ავსტრალია

Australia

ატლანტიკა

Atlantik

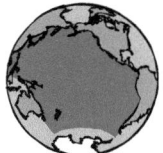

წყნარი ოკეანე

Pasifik

ინდოეთის ოკეანე

Samudra Hindia

ანტარქტიკის ოკეანე

Samudra Antartika

ჩრდილოეთის ყინულოვანი
ოკეანე

Samudra Arktik

ჩრდილოეთ პოლუსი

Kutub Lor

სამხრეთ პოლუსი

Kutup Kidul

ანტარქტიდა

Antarktika

დედამიწა

bumi

ხმელეთი

daratan

ზღვა

segara

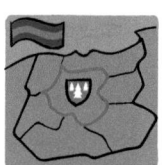

კუნძული

pulau

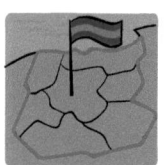

ერი

bangsa

სახელმწიფო

negara

საათი

jam

ციფერბლატი

layar jam

საათების ისარი

dom jam

წუთების ისარი

dom menit

წამების ისარი

dom detik

რომელი საათია?

Jam piro saiki?

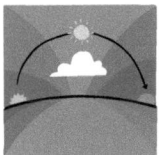

დღე

dina

დრო

wektu

ახლა

saiki

ციფრული საათი

jam digital

წუთი

menit

საათი

jam

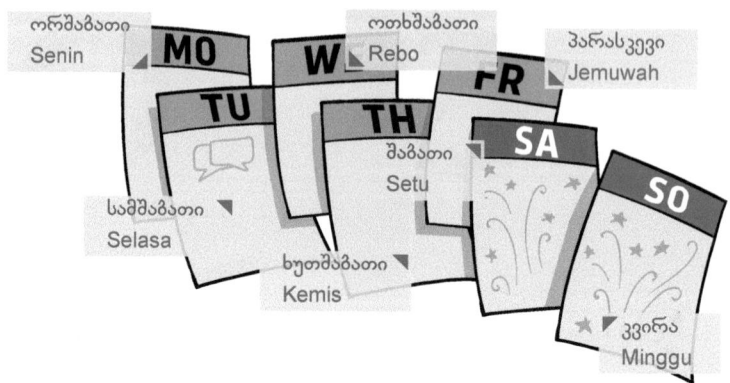

ორშაბათი
Senin

MO

W Rebo
ოთხშაბათი

პარასკევი
Jemuwah

TU

TH

FR

შაბათი
Setu

SA

სამშაბათი
Selasa

ხუთშაბათი
Kemis

SO

კვირა
Minggu

გუშინ
wingi

დღეს
saiki

ხვალ
sesuk

დილა
esuk

შუადღე
awan

საღამო
bengi

MO	TU	WE	TH	FR	SA	SU
1	2	3	4	5	6	7
8	9	10	11	12	13	14
15	16	17	18	19	20	21
22	23	24	25	26	27	28
29	30	31	1	2	3	4

სამუშაო დღეები
dina kerja

MO	TU	WE	TH	FR	SA	SU
1	2	3	4	5	6	7
8	9	10	11	12	13	14
15	16	17	18	19	20	21
22	23	24	25	26	27	28
29	30	31	1	2	3	4

შაბათი-კვირა
akhir minggu

წელი

tahun

ცისარტყელა
kluwung
წვიმა
udan es
ქარი
angin
თოვლი
salju
გაზაფხული
musim semi
შემოდგომა
mangsa gugur
ზაფხული
musim ketigo
ზამთარი
mangsa adem

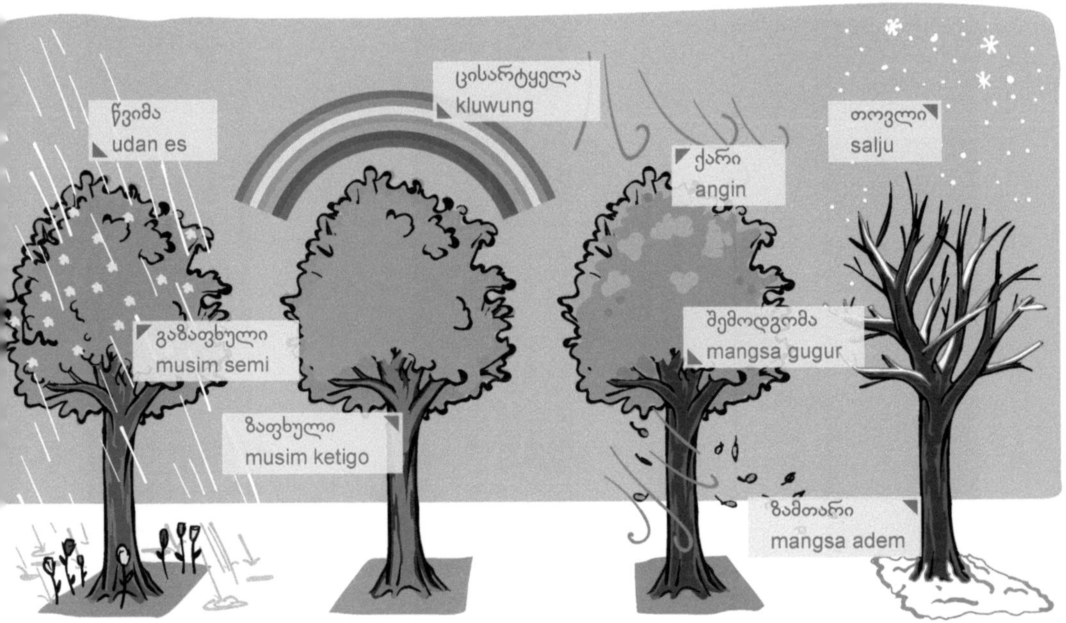

ამინდის პროგნოზი

ramalan cuaca

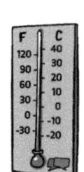

თერმომეტრი

termometer

მზის სხივი

srengenge

ღრუბელი

mendhung

ნისლი

kabut

ტენიანობა

kelembapan

ელვა

kilat

ქუხილი

bledheg

შტორმი

badai

სეტყვა

udan es

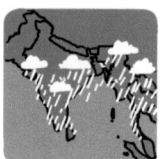

მუსონი

muson

წყალდიდობა

banjir

ყინული

es

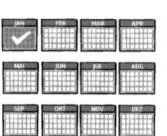

იანვარი

Januari

თებერვალი

Februari

მარტი

Maret

აპრილი

April

მაისი

Mei

ივნისი

Juni

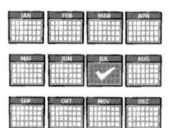

ივლისი

Juli

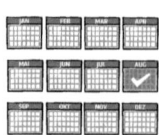

აგვისტო

Agustus

სექტემბერი

September

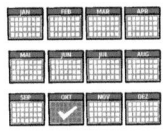

ოქტომბერი

Oktober

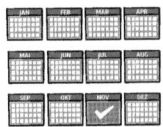

ნოემბერი

Nopember

დეკემბერი

Desember

ფორმები
wangun

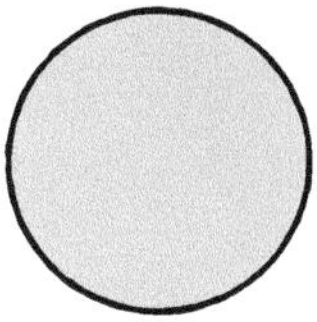

წრე

bunder

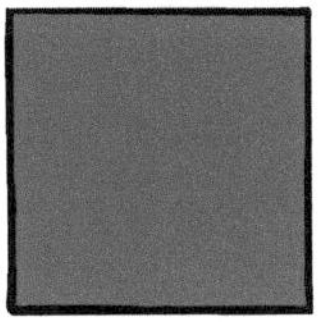

კვადრატი

kuadrat

მართკუთხედი

segi papat

სამკუთხედი

segi telu

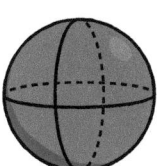

სფერო

bal

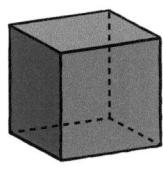

კუბი

kubus

ფერები

warna

თეთრი

putih

ყვითელი

kuning

ნარინჯისფერი

oranye

ვარდისფერი

jambon

წითელი

abang

იისფერი

ungu

ცისფერი

biru

მწვანე

ijo

ყავისფერი

coklat

ნაცრისფერი

abu-abu

შავი

ireng

ბევრი / ცოტა

akeh / sithik

გაბრაზებული / მშვიდი

nesu / kalem

ლამაზი / მახინჯი

ayu / elek

დასაწყისი / დასასრული

pawitan / pungkasan

დიდი / პატარა

gede / cilik

ნათელი / მუქი

padhang / peteng

ძმა / და

sedulur lanang / sedulur wadon

სუფთა / ჭუჭყიანი

resik / reged

სრული / არასრული

pepak / ora pepak

დღე / ღამე

awan / bengi

მკვდარი / ცოცხალი

mati / urip

განიერი / ვიწრო

jembar / sempit

საჭმელად ვარგისი / საჭმელად უვარგისი

iso dipangan / ora iso dipangan

ბოროტი / კეთილი

ala / becik

შთამბეჭდავი / მოსაწყენი

seneng / bosen

სქელი / თხელი

lemu / kuru

პირველი / ბოლო

pisanan / pungkasan

მეგობარი / მტერი

kanca / musuh

სრული / ცარიელი

kebak / kosong

მყარი / რბილი

atos / empuk

მძიმე / მსუბუქი

abot / enteng

მოშიებული / მწყურვალე

luwe / wareg

ავადმყოფი / ჯანმრთელი

lara / waras

არალეგალური / ლეგალური

illegal / legal

ინტელექტუალი / სულელი

pinter / bodo

მარცხენა / მარჯვენა

kiwa / tengen

ახლოს / შორს

cedhak / adoh

ახალი / გამოყენებული

anyar / lawas

არაფერი / რაღაცა

ora ana / ana

მოხუცი / ახალგაზრდა

tuwa / enom

ჩართვა / გამორთვა

urip / mati

ღია / დახურული

buka / tutup

ჩუმი / ხმამაღალი

anteng / rame

მდიდარი / ღარიბი

sugeh / mlarat

მართალი / მტყვანი

bener / salah

უხეში / გლუვი

kasar / alus

სევდიანი / ბედნიერი

susah / seneng

მოკლე / გრძელი

cendhak / dawa

ნელი / სწრაფი

alon / banter

სველი / მშრალი

teles / garing

თბილი / გრილი

anget / adem

ომი / მშვიდობა

perang / tentrem

რიცხვები
angka

0	1	2
ნული	ერთი	ორი
nol	siji	loro
3	4	5
სამი	ოთხი	ხუთი
telu	papat	limo
6	7	8
ექვსი	შვიდი	რვა
enem	pitu	wolu
9	10	11
ცხრა	ათი	თერთმეტი
songo	sepuluh	sewelas

12
თორმეტი
rolas

13
ცამეტი
telulas

14
თოთხმეტი
patbelas

15
თხუთმეტი
limolas

16
თექვსმეტი
nembelas

17
ჩვიდმეტი
pitulas

18
თვრამეტი
wolulas

19
ცხრამეტი
songolas

20
ოცი
rong puluh

100
ასი
satus

1.000
ათასი
sewu

1.000.000
მილიონი
sak yuto

ენები
basa-basa

ინგლისური

basa Inggris

ამერიკული ინგლისური

basa Inggris Amerika

ჩინური მანდარინი

basa Cina Mandarin

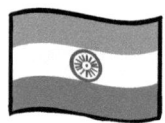

ჰინდი

basa Hindi

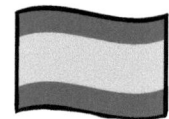

ესპანური

basa Spanyol

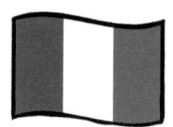

ფრანგული

basa Prancis

არაბული

basa Arab

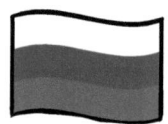

რუსული

basa Rusia

პორტუგალიური

basa Portugis

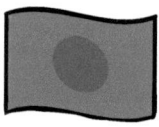

ბენგალური

basa Bengali

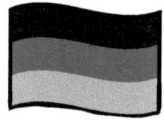

გერმანული

basa Jerman

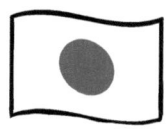

იაპონური

basa Jepang

მე

aku

შენ

kowe

ის / ის / იგი

dheweke

ჩვენ

kita

თქვენ

kowe kabeh

ისინი

dheweke kabeh

ვინ?

sapa?

რა?

apa?

როგორ?

piye?

სად?

neng endi?

როდის?

kapan?

HELLO, I AM

სახელი

jeneng

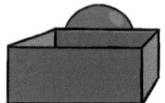

სად

neng endi

უკან

mburi

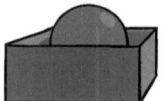

შიგნით

ing jero

წინ

ing ngarep

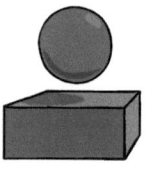

ზედ

ing dhuwure

=-ზე

ing

ქვეშ

ing ngisore

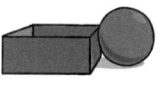

გვერდით

sisih

შორის

antarane

ადგილი

panggonan